Réflexions

SUR

M. LE COMTE

DE VILLÈLE.

Imprimerie de MIGNERET, rue du Dragon,
N.° 20.

Réflexions

SUR

M. LE COMTE

DE VILLÈLE

ET SUR

LA DIMINUTION DES RENTES;

PAR

Mme Huet, née Menard.

A PARIS,

CHEZ DELAUNAY, Libraire, au Palais Royal;
PELICIER, Libraire, Place du Palais Royal.

1825.

RÉFLEXIONS

SUR

M. LE COMTE

DE VILLÈLE

ET SUR

LA DIMINUTION DES RENTES.

Pour bien juger de l'effet et des pertes que fait éprouver un orage, il faut attendre et voir les dégâts qu'il a produits, s'en rendre compte en récapitulant tous les accidens, et en faire une juste addition, afin d'avoir une certitude réelle sur ses suites malheureuses, et tâcher de les réparer en indemnisant les victimes de la tempête désastreuse; il en est de même pour M.r de Villèle, ministre : lorsqu'il proposa la diminution des rentes, de cinq à quatre pour cent, la France entière éprouva une commotion générale. On eût cru que chaque particulier était électrisé d'un même sentiment d'indignation contre un tel projet; ils criaient tous à l'injustice, au vol, à l'arbitraire. Maintenant que l'orage commence à s'appaiser, on peut en raisonner et faire part de ses calculs sur cette importante et grande opération, avec l'espoir de pouvoir être écouté. Sans avoir la prétention de croire convaincre les incrédules, on peut dire qu'il s'est glissé, dans l'exagération des malheurs que devait causer l'exécution de ce projet, des erreurs que l'on peut discuter et relever. Il est fâcheux, je dirai même malheureux, pour des rentiers bornés par leurs revenus, de souffrir de cette diminution; le Gouvernement doit les plaindre de ce qu'il les force à faire le déplacement de leurs fonds en leur offrant un cinquième de moins pour l'intérêt du dépôt qu'il lui ont confié, dans le cas où ils ne voudraient pas en recevoir le remboursement intégral. Jusqu'ici l'arbitraire, l'injustice, le vol, ne sont pas considérables, et plus tard la France se ressentira du produit de cette hardie et merveilleuse proposition, et telles personnes qui ont crié, murmuré contre M. de Villèle, se rappelleront que c'est à lui que l'on en doit l'utile exécution.

Tout changement, événement, malheur, entraîne des victimes à sa suite, nul doute à cela; ici ce sont les petits rentiers qui se ressentent momentanément de cette opération, mais aux grands maux les grands remèdes. La France, par la splendeur qu'elle acquiert chaque jour, ne peut et ne doit pas payer des intérêts aussi élevés et aussi onéreux pour l'État. Il ne faut pas voir que pour le présent, l'avenir est tout; lorsqu'un incendie prend dans une maison, on abat de chaque côté celles qui l'avoisinent, afin que le feu ne puisse embrâser le quartier. Si la gangrène est dans le bras ou la jambe d'un homme, on les lui coupe pour que son corps n'en soit point attaqué. Ici les rentiers n'éprouvent réellement que de la contrariété du déplacement de leurs fonds, au lieu de perte; si cette contrariété amène une amélioration dans le commerce, il faut la faire éprouver. En effet, qui peut donner plus d'extension, de stimulant, d'activité au commerce que l'argent ? N'en est-ce pas le mobile ? —N'est-ce pas avoir trouvé les moyens de lui en procurer, que d'engager des citoyens à vendre leurs rentes pour en verser le montant dans l'industrie? Chaque jour, ne la voit-on pas arriver à de nouvelles perfections; bientôt des bouts de l'univers l'on viendra voir la capitale de la France comme une merveille du monde; les rues et les passages offriront aux yeux des spectateurs des beautés rares, en architecture, sculpture, peinture et dorure. Le palais du roi d'Angleterre ne pourrait supporter la comparaison en beauté des nouvelles maisons des plus simples particuliers de Paris. Ce n'est pas seulement dans la capitale que l'on se ressent déjà de la circulation de l'argent; tout le sol de la France en éprouve la même amélioration; dans le plus petit village on y construit des habitations avec goût et élégance; il en résulte de cette réduction d'intérêts que chaque particulier cherche, invente quelque projet nouveau pour mieux tirer parti de son argent. Qui peut donc enrichir la France, si ce ne sont les arts, l'industrie? N'a-t-elle pas pour y réussir un sol fertile et le mieux placé de toute la terre? Les habitans manquent-ils de moyens pour la faire fructifier? Dans quels pays du monde trouvera-t-on des hommes plus éclairés et qui aient l'imagination plus ardente, plus active que les Français? S'il leur manquait de l'argent pour pouvoir en tirer parti, M. de Villèle en a trouvé les moyens en forçant les rentiers et les capitalistes à verser leurs fonds dans le commerce. Par là le Gouvernement l'aide et le protége; plus une opération est grande et vaste, et plus il faut de temps pour qu'elle se propage. Il en faut pour se ressentir entièrement de l'ample amélioration que l'on doit attendre de la diminution des rentes. Tout est relatif : si un homme fait établir une manufacture considérable au lieu d'un métier d'ouvrier, il attendra long-temps pour en toucher le premier produit; si un peintre fait un tableau qui représente une bataille au lieu d'un portrait, il faut qu'il espère avec patience et résignation recueillir le fruit de ses travaux.

Je ne puis parler de manufacturier sans avoir le cœur pénétré d'admiration pour M. de Saint-Cricq, manufacturier à Creil; il a dépensé, pour monter cet établissement, deux millions cinq cent mille francs; il fait occuper six cent ouvriers à la fabrication de faïence et de verreries; un tel négociant n'est-il pas le père de tous ces ouvriers, puisqu'il leur procure une existence honnête? N'est-il pas plus utile à l'État * qu'un paisible

* Creil est une petite ville située à douze lieues de Paris, à la distance de deux de Chantilly. La population était de mille habitans; six cents y ont été attirés pour travailler à la manufacture, ce qui en porte le nombre à seize cents maintenant. Il n'y a pas un pauvre, un indigent; ils sont nés gais, laborieux, bons cultivateurs et très-industrieux; et, grâces à la

rentier qui vivrait tranquillement avec ses cent-vingt-cinq mille francs de rente que lui rapporteraient ses deux millions cinq cent mille francs, en les plaçant sur le grand-livre, si l'on n'en diminuait pas les intérêts, et qui ne paient nulle contribution à la patrie. Pourquoi donc faut-il seulement exempter les capitalistes et les rentiers des impositions qui sont perçues pour les dépenses de l'État? N'en font-ils pas partie comme les autres? Ne sont-ils pas sous la protection de la loi? La Charte a pour les Français la même force, les mêmes avantages; tous doivent contribuer

---

fabrique, ils sont tous heureux. Ces détails offrent peu d'intérêt au lecteur, mais je ne puis résister au plaisir de les donner, tant il est dans la nature d'aimer à parler du pays qui nous a vus naître, et d'en remercier celui qui le fait prospérer. Si tous ses habitans savent apprécier combien l'on doit de considération à l'homme qui est assez heureux pour avoir de la fortune, et qui sait la bien utiliser, M. de Saint-Cricq mérite et a droit de prétendre à leur reconnaissance.

aux besoins du Gouvernement. Ne trouvent-ils pas des bras pour repousser l'ennemi si la patrie en a besoin. Eh bien ! comme l'artisan, ils doivent contribuer à la pension de ses défenseurs. Si M. de Villèle avait fait la proposition aux rentiers de leur faire une retenue sur leurs rentes pour les impositions, ils auraient murmuré seuls ; si en même temps il avait fait celle d'une légère diminution aux propriétaires négocians et aux artisans, alors il aurait été applaudi de toutes parts, tant chacun ne pense que pour son intérêt personnel et s'occupe fort peu de celui qui est général. Les Français ne voient que le présent, et ne pensent jamais à l'avenir; chaque chose aura son tour ; c'est le torrent qui entraîne par sa force ; si le rentier éprouve en ce moment une réduction sur son revenu, dans quelques années le propriétaire s'en ressentira de même; ce reflux d'argent a dû et doit encore faire augmenter les propriétés; elles ne diminueront pas, mais le nombre considérable des bâtimens que l'on fait et que l'on fera encore, amènera nécessairement une baisse dans les locations. Nul doute à cela. C'est alors que les propriétaires éprouveront une diminution dans leurs revenus, ce qui équivaudra bien à celle des rentiers et au-delà. C'est la chose la plus claire et la plus évidente, car, enfin, quand la capitale, les villes et les villages seront agrandis d'un tiers, la population ne sera pas augmentée en proportion. Que feraient-ils de toutes leurs maisons, s'ils ne baissaient leurs prétentions sur leurs locations. Il est des personnes qui, par caractère ou par esprit d'opposition, sont toujours mécontentes, et qui ne peuvent jamais convenir du bien d'une amélioration; elles diront : En sommes-nous plus heureux parce que l'on élargit les rues, que les appartemens sont plus commodes et mieux distribués? Mais, oui, certainement on est plus heureux, quand ce ne serait que sous le rapport de la propreté et de l'air que l'on respire plus pur, étant logé plus convenablement. N'est-ce pas une jouissance réelle pour un particulier que de se plaire chez lui, en ce qu'il s'y trouve plus agréablement. Tout est relatif : M. de Coligny, grand amiral de France en 1572, demeurait rue Béthisy, au coin de celle de la Monnaie ; la maison existe encore et est actuellement occupée par un marchand de draps; les escaliers et les chambres se ressentent de l'antiquité, bien que probablement depuis ce temps on y ait fait des réparations. Que l'on aille delà voir l'hôtel de M. de Villèle et son intérieur? A coup sûr l'on trouvera une énorme différence de beauté. Eh bien! qu'est-ce que cela prouve? que chaque jour nos moyens s'agrandissent et qu'un ministre de France ne peut jamais avoir trop de magnificence et de luxe ? N'est-il pas en effet le représentant de la nation pour les ambassadeurs des autres puissances ? Il doit prouver dans ses réceptions, à l'œil de l'étranger étonné , que nous sommes le premier peuple et la première nation du monde pour les arts. Cette magnificence éblouissante doit lui en donner une juste idée.

Les rentiers qui ont, ou qui avaient des rentes ne peuvent mettre tous leurs fonds dans les arts, le commerce et dans les bâtimens, dira-t-on, et c'est juste; il est d'autres branches qui offrent d'immenses ressources, qui en donnent le placement avec une bien grande garantie. L'agriculture, depuis que M. de Sully n'est plus, a perdu son protecteur, et a été bien négligée. N'a-t-on pas à faire dans les Landes, la Touraine et ailleurs, des défrichemens, des plantations de bois et autres améliorations? Pourquoi ne pas chercher à enrichir son sol en le faisant fructifier. La culture, par son utilité et les besoins que nous en avons, est le premier état du monde. Cultiver la terre avec zèle et connaissance de ce qu'elle peut reproduire, est utiliser son argent et servir son pays. Son sein ne fut jamais ingrat et sut toujours nourrir la main qui la cultiva; si cette partie ne convient à vos goûts, à votre entendement, placez vos fonds dans de nouvelles entreprises qui ne peuvent manquer de s'ouvrir à votre intelligence. L'élan vous est donné, que votre inspiration, votre industrie sortent avec abondance et s'exhalent pour l'embellissement, le bonheur et la prospérité de la France, et insensiblement vous retrouverez le fonds et les intérêts du cinquième que l'on vous propose de diminuer aujourd'hui.

Les arts sont encouragés, protégés par le Gouvernement. Le commerce, en recevant ce reflux d'argent, ne fera qu'accroître et prospérer, ce qui amènera une baisse dans le prix des marchandises. La grande quantité des bâtimens assure une diminution dans les locations. Que l'agriculture reprenne avec vigueur, que l'on ne laisse plus de terrains incultes, ce qui nous procurera une abondance infaillible, avec une telle prospérité tout nécessairement doit éprouver de la diminution; Les rentiers qui se plaignent du déplacement de leurs fonds, ou de la réduction qu'on leur fera, en auront davantage dans six ou huit ans qu'à présent, en ce qu'ils paieront tout moins cher. C'est en cela que cette diminution d'intérêts n'est que momentanée pour eux. L'abondance d'une chose quelconque, dans tous les temps possibles, fut la cause de sa dépréciation. L'on ne pouvait voyager, il y a trente ans, qu'à force d'argent et de temps ; la concurrence des diligences que l'on a établies s'est propagée et en a fait diminuer le prix, elle offre actuellement au commerce de grandes facilités et des économies de frais et de temps.

Le Gouvernement, protecteur de tout ce qu'ont fait les hommes, doit prendre des mesures rigoureuses et nécessaires pour atteindre la diminution de l'intérêt de l'argent qui se fait à des taux que la loi réprouve, et qui entraînent la ruine de bien des marchands et des artisans. Les trois-quarts des faillites proviennent de la quantité de billets escomptés à usure. Les escompteurs, qu'aucune loi ne peut atteindre pour les impositions, par cette même réduction de rentes, auront plus de capitaux en caisse, et ne sachant qu'en faire, ils se trouveront entraînés par le torrent à diminuer le prix de leurs escomptes. Leurs opérations n'en deviendront que plus sûres, en ce que les personnes qui sont forcées d'aller à leur recours ne travailleront plus seulement que pour des intérêts usuraires. Le bien que doit produire la diminution des rentes est incalculable, et doit s'étendre sur toutes les classes de la société. Le plus gros négociant jusqu'au dernier ouvrier se ressentira plus tard de cette grande opération. Je le répète encore : le présent n'est rien, l'avenir est tout. M. de Villèle a fait un coup d'état qui doit amener à une révolution dans les finances et produire à l'agriculture, à l'industrie et au commerce une amélioration générale. L'opinion publique surtout en matière politique et financière, n'est pas toujours une sentence assez exacte, et à laquelle on doive s'en rapporter pour la mettre à exécution. Si Louis XVI, qui n'eut jamais d'autre désir que de faire le bien, n'eût pas, pour plaire à la noblesse ou au peuple, pris trois fois, et disgrâcié deux, M. de Necker, sur-intendant des finances, les Français n'auraient peut-être jamais eu le malheur affreux de voir périr leur Roi sur un échafaud. M. le duc de Feltre a été ministre dix ans sous Napoléon; sa gestion fut bonne, puisqu'il s'y conserva: l'on connaissait assez le caractère despotique de celui-ci pour savoir qu'au plus petit mécontentement et au plus léger soupçon qu'il concevait contre la conduite d'un de ses ministres ou d'un général, il n'usait d'aucun ménagement envers eux. Louis XVIII, grand et habile politique en matière d'état, conserva ce ministre: presqu'aussitôt l'opinion publique tourna contre lui. Il dilapidait, volait l'Etat, disait-on: l'on criait au houra après lui. Il mourut de chagrin très-peu de temps après sa retraite. Louis XVIII, par un sentiment d'estime ou de reconnaissance, fit 15,000 fr. de rentes à madame la Duchesse de Feltre, pour que la veuve d'un Ministre de France soutînt à peu près le rang que son mari lui avait donné dans le monde; voilà les résultats de l'exagération de l'opinion politique.

FIN.

www.ingramcontent.com/pod-product-compliance
Ingram Content Group UK Ltd.
Pitfield, Milton Keynes, MK11 3LW, UK
UKHW032040260826
14628UKWH00007B/3076

9 782013 566247